Alguien me ama

Alguien me ama

ALDIVAN TORRES

Canary Of Joy

CONTENTS

1 Alguien me ama   1

Alguien me ama

Alguien me ama
Aldivan Torres

Autor: Aldivan Torres
© 2019-Aldivan Torres
Todos los derechos reservados

Este libro, incluidas todas sus partes, está protegido por derechos de autor y no puede reproducirse sin el permiso del autor, revendido o transferido.

Aldivan Torres es un escritor consolidado en varios géneros. Hasta la fecha, los títulos se han publicado en decenas de idiomas. Desde muy temprana edad, siempre fue un amante del arte de escribir habiendo consolidado una carrera profesional desde el segundo semestre de 2013. Espera con sus escritos contribuir a la cultura internacional, despertando el placer de leer en aquellos que aún no tienen el hábito. Su misión es ganarse el corazón de cada uno de sus lectores. Además de la literatura, sus gustos principales son la música, los viajes, los amigos, la familia y el placer de vivir. «Para la literatura, la igualdad, la fraternidad, la justicia, la dignidad y el honor del ser humano siempre» es su lema.

En la esquina

Travesti

Hola, buenas tardes, muchacho. Estoy ofreciendo sexo. ¿Te interesa?

Divino

No, no me interesa. Pero quiero ayudarte de alguna manera. La prostitución no es una buena manera para nadie.

Travesti

Es una gran sorpresa. Hasta la fecha, nadie ha estado interesado en mí. Ni siquiera mi familia. Cuando salí transexual, lo primero que hicieron fue echarme de la casa.

Divino

Lo siento. Esto demuestra la realidad de una sociedad corrompida. Pero soy diferente. Valoro el alma del ser humano. No me importa tu orientación sexual, política, religiosa o filosófica. Además, te amo de la misma manera que amo a otras personas.

Travesti llorando

¿Quién eres? No estoy creyendo lo que estoy oyendo.

Divino

Mi nombre es Divino. Soy el hijo de Dios. Bajé del cielo

buscando a la bandada perdida. Además, me importas. Solo quiero que estés bien.

Travesti

¿Puedo quedarme contigo? Quiero estar cerca de alguien tan especial. Alguien capaz de amar sin reservas.

Divino

También quiero estar cerca de ti. Sígueme.

A casa

Sala de estar

Divino

Bienvenido a mi casa. He vivido solo tres años. Desde que me separé de mi familia, he vivido aquí.

Travesti

¿Por qué saliste de la casa?

Divino

Yo era infeliz. Cada día, necesitaba ser un personaje para complacer a mi familia. Me ahogó. Soy homosexual. Ser homosexual en Brasil es equivalente a ser un bandido. En casa, estaba totalmente dividido. Quería vivir mi vida, pero no podía disgustar a mi familia. Los días eran tristes y solitarios. Ahí fue cuando me di cuenta de que nunca sería feliz allí. Así que decidí mudarme a la gran ciudad, para poder reflexionar.

Travesti

¿Y encontraste lo que querías?

Divino

La vida en la gran ciudad es fundamentalmente diferente de lo que estaba acostumbrado. Es una vida agitada, frenética e inhumana. Estaba solo. A nadie le importaba. Los chicos con los que salí solo querían sexo casual y mi dinero. Me deprime.

Fue entonces cuando detuve esta situación. Reafirmé mi valor como ser humano y me centré en el trabajo. Me convertí en defensor de las minorías y de los excluidos. Por eso te elegí para ser mi amigo.
Travesti
Amigo. Nunca había oído esa palabra. Para mí, la vida siempre ha sido un juego de intereses. Si no siguen los estándares de esta sociedad inmoral, simplemente son descartados. Por eso los hombres solo vinieron a mí cuando estaba en su interés. Después, fingieron que no me conocían. Normalmente eran personas de alta clase social: Actores, jugadores de fútbol, empresarios, cantantes, en resumen, todos los medios que me condenaron. ¿Cómo se explica esto?
Divino
Nuestra sociedad es muy hipócrita. Pero no soy como la sociedad. Creo en buenas obras y valores.
Travesti
Excelente. Me haces curiosidad. Cuéntame un poco de tu historia.
Divino
He recorrido un largo camino. Nací en el noreste de Brasil, en un contexto de opresión, miserabilismo, persecución e indiferencia. Mi infancia fue buena pero desafiante. No me satisfacían mis necesidades básicas. No tenía suficiente comida, juguetes, libros, o ropa. Mi sueño era comer pan para desayunar, tener una pelota para jugar y tener libros para leer. Pero no tenía nada de eso. Por eso me involucré en mis estudios. Luché con todas mis fuerzas para tener una vida mejor. Después de que conseguí estabilidad financiera, empecé a valorar

mi lado artístico. Hoy soy cineasta, escritor y compositor. Todavía no he logrado mis objetivos, pero mi fe permanece. Todavía estaré satisfecho y ganaré.

Travesti

Qué hermosa historia. Te mereces toda mi admiración. Vengo de una familia de alta clase. A pesar de haber nacido hombre, me sentí como una mujer. Fue muy difícil enfrentar esta situación. Cuando finalmente asumí mi orientación sexual, mis padres me echaron de la casa. Fue un momento muy difícil. Yo era solo un fenómeno. Dejarme a casa me trajo mucha experiencia en la vida. Vivir en la calle es muy peligroso pero elevador. Tengo que conocer el lado oscuro de la vida. Pero dentro de mí, siempre sentí la presencia de Dios guiándome. Me siento amado por Dios. Sé que no me juzga. Además, lo descubrí cuando te conocí.

Divino

Me alegro de que lo descubrieras a tiempo. Creo que esta es mi misión en la tierra. Traigo consuelo a los que lo necesitan. ¿Amigos para siempre?

Travesti

Sí. Amigos para siempre. Tengo que irme. Prometo mejorar como ser humano. Gracias por todo.

Divino

No hay necesidad de agradecer. Mantente en paz.

1- Prejuicio contra las mujeres

Alguien me ama 2

Divino

¿Qué está pasando, Gabrielle? Siento que estás triste.

Gabrielle

¿Conoces esa posición de dirección que estaba vacante? El jefe eligió a Jonathan para el trabajo. Me siento mal porque tuve la mejor actuación en el trabajo.

Divino

¡Tranquilo! Esto es un prejuicio. Puedo testificar que eres el más capaz del trabajo. En los diez años que has estado en la compañía, tu rendimiento es inspiración para otros empleados.

Gabrielle

No me reconocen por mi trabajo simplemente porque soy una mujer. Todos piensan que soy incapaz de una posición de liderazgo. Creen que no tengo autoridad. Además, las mujeres tenemos un salario menor al cumplir las mismas obligaciones que un hombre. ¿Cuánto durará esta situación? Me juzga por mi género y me descarta como inútil. Este mundo es muy cruel.

Divino

El mundo no es cruel. Los crueles son la gente que habita el mundo. De hecho, nuestra sociedad es sexista. Desde la antigüedad, pensaban que el papel de las mujeres era procrear y cuidar de los hombres. En este siglo se han registrado muchos progresos. Pero aún hay un gran prejuicio. Creo que los hombres tienen miedo. El miedo a darse cuenta de que las mujeres se han convertido en competidoras fuertes en el mercado laboral. Miedo a enfrentar a una mujer independiente llena de valores. Los hombres necesitan entender que el mundo ha evolucionado y que lo que vale hoy es el talento. Pero no es que algo cambie rápidamente. Se requiere paciencia y progresos adicionales.

Gabrielle

Estoy de acuerdo con su posición. ¿Cómo actuarías si fueras dueño de una compañía?

Divino

Yo trataría a todos por igual. En mi compañía, todos tendrían igualdad de oportunidades. Todos serían juzgados por sus habilidades. Podrían trabajar en mi empresa: homosexuales, pobres, negros, prostitutas, transexuales, personas con tatuajes, personas con cualquier apariencia, personas de cualquier religión o creencia. Finalmente, mi compañía es como mi reino: Todos son iguales ante él. Lo que define al hombre son sus talentos y bondad. El árbol que da fruto bueno merece una oportunidad. Mientras tanto, árboles estériles son arrojados al lago de fuego y azufre. Eso es lo que dice la Biblia. Pero este libro sagrado está mal usado. La gente recurre a sus escritos para justificar su prejuicio. Recuerda que la Biblia fue escrita por el hombre. Eran a menudo hombres arrogantes y prejuiciados. No podemos juzgar a nuestro prójimo bajo ninguna circunstancia. Jesús vino exactamente para enseñar esto. Pero el mundo no quiere ver. Vivimos en una época en la que la gente adora a falsos profetas que se enriquecen a expensas de la religión. Estas enseñanzas no son de Dios. El Dios que conozco y que es el verdadero Dios no tiene prejuicios. Todos somos iguales frente a él.

Gabrielle

Estoy cansado de este mundo. ¿Qué debo hacer para entrar en tu reino?

Divino

Siempre haz el bien. Ayuda a otros de la mejor manera

posible. Practica la caridad y tus pecados serán perdonados. Practica los diez mandamientos y las enseñanzas de Jesús. Ama a tu vecino como a ti mismo. Cuando realmente amamos, solo podemos hacer el bien. No juzgas. Entiende, respeto y guía. No seas sumiso y hagas tu trabajo de la mejor manera posible. No dejes que otros manejen tu vida. No es porque seas una mujer a la que tienes que obedecer. La libertad es el bien más grande del ser humano, y no podemos permitir que nadie nos la robe. Deja de culpar al mundo por tus problemas. Todos tenemos retos que podemos superar. Es necesaria estrategia, persistencia y planificación. Para todo en el mundo, hay una solución.

Gabrielle

Tengo miedo de la muerte. Tengo miedo de después. ¿Podrías darme un poco de consuelo?

Divino

No hay muerte. La muerte es solo un cambio. En el universo, hay espíritus encarnados y desencarnados. Todos forman parte del complejo sistema de vida. Todo está bajo el control de un gran poder. Llamamos a esta fuerza "Dios". Una hoja no cae sin tu consentimiento. No debemos tratar de entender sus razones. Esto es algo muy superior a nuestra mentalidad. Debemos aceptar cómo deberían ser las cosas. Cuando podemos entender esto, finalmente somos libres de ser felices.

Gabrielle

Quería ser feliz. Vengo de tres matrimonios fallidos. Además, tengo 40 años y no tengo esperanza. Mis primos y hermanas tienen matrimonios felices. ¿Eso significa que no he tenido suerte? ¿Fue mi destino ser infeliz?

Divino

Nadie viene con el destino de la infelicidad. Todos somos muy amados por el creador. Es solo cuestión de tiempo. Pero creo en el destino. Supongo que no has encontrado tu amor. Debe aparecer en tu vida en algún momento. Hay gente que encuentra a su alma gemela a veinte, otras personas a los treinta y así sucesivamente. Todas las cosas tienen su tiempo para pasar. No sirve de nada tratar de apresurar las cosas. Eso nunca funciona. Tenemos que esperar a nuestro momento de felicidad y disfrutarlo mientras vivamos. La vida es incomprensible, y es una gran caja de sorpresas. Solo vivo. No te preocupes por el futuro. Jesús dijo: cada día tiene su preocupación. ¿Quién vive preocupado por el futuro no disfruta del presente? Cuando te diste cuenta de eso, dejó de disfrutar de momentos felices. Creo que eso es la vida. Una reunión de momentos felices y tristes. Así que nunca dejes de creer en ti mismo. Un día tu talento será reconocido. Lucha por lo que crees y nunca te rindas.

Gabrielle

Gracias por animarme. Ahora me siento mejor. Continuaré mi trayectoria con la esperanza de que las cosas mejoren.

Prejuicios contra los negros

En el entorno laboral

Hombre Negro

Buenos días. Estoy buscando mi primer trabajo. ¿Podrías darme una oportunidad?

Jefe

¿En un bufete de abogados? ¿Has perdido la cabeza? Este no es lugar para tu tipo de gente.

Hombre Negro

¿Mi tipo de persona? ¿Qué quieres decir?

Jefe

Contratamos a mayores de derecho. Solo gente muy cualificada puede aceptar el trabajo. ¿Lo entiendes?

Hombre Negro

Pero tengo un título de derecho. ¿Qué más es necesario?

Jefe

Ser blanco y de clase media. No podemos soportar a los escaladores sociales en nuestra oficina. Somos gente tradicional.

Afroamericano

Lo entiendo. Me rechazan por mi raza. ¿Has considerado qué injusticia estás cometiendo? Estás siendo prejuiciado contra un profesional antes de haberlo conocido.

Jefe

No me importa eso. La sociedad fue construida de esa manera. Eres una raza inferior que debe sufrir. Aquí no hay lugar para ti. Busca un trabajo en otro lugar. Quizá tenga suerte y consiga un trabajo de limpieza.

Afroamericano

No me avergonzaría de ser conserje. Todo trabajo tiene su valor. Perdóname, soy yo quien no quiere trabajar en este lugar. No soporto a gente asquerosa como tú.

Jefe

¡Fuera de mi vista! Ya me has tomado bastante tiempo.

Afroamericano

Iré, pero me iré.

En la casa de su novia
Novia
Mamá, este es mi novio. Era mi colega de la facultad de derecho.
Afroamericano
Hola, me llamo George. ¿Cómo estás?
Madre
¡Por favor! ¿Cómo te atreves? ¿No te ves a ti mismo? ¿Cómo puedes estar de acuerdo en salir con mi hija sabiendo que es de una familia tradicional y con clase? ¿Por qué no sales con una mujer suburbana? ¿Has oído el dicho? Cada mono de su rama.
Novia
Mamá, no me avergüenzo. Es un gran chico. Trabajador, honesto y lleno de valores. Es el siglo XXI, ¿recuerdas?
Madre
Algunas cosas no cambian, hija mía. Nuestro entorno social es muy exigente y selectivo. Nunca lo aceptaré. Seríamos el chiste en cada periódico. ¡Eso se acabó para mí!
George
Tu madre tiene razón, Julie. La diferencia social entre nosotros es muy grande. Soy negro y no seré bien aceptado en tu círculo social. Te mereces un hombre mejor que yo. Un hombre blanco de clase media.
Julie
No lo entiendo. Solo sé que te amo. Pero también amo a mis padres. Quiero evitar hacerlos sufrir. No creo que podamos estar juntos. Eso nos deja desearnos suerte.
George

Exacto. Dios siempre es bueno. Seremos felices de una manera u otra.

En el puente

Divino

¿Por qué estás bromeando, joven? ¿Te ha pasado algo?

George

He perdido muchas cosas en mi vida por mi raza. No entiendo por qué nací de esta manera y por qué hay tanta discriminación. Es como si viniera al mundo para sufrir. ¿Debo morir inmediatamente y sacarme de mi miseria?

Divino

Ni siquiera bromees sobre eso. Sé que hay mucho rechazo en el mundo. Pero soy diferente del mundo. Te amo por quién eres. Mantente alejado de estas personas subdesarrolladas. Quédate cerca de la gente que se preocupa por ti. Esto aliviará tu sufrimiento. En cuanto a tus enemigos, muéstrales tu habilidad. Van a estar avergonzados.

George

¿Quién demonios eres? ¿Eres un loco o un santo? Nunca he conocido a nadie que me amara por quien soy.

Divino

Soy el hijo de Dios. Alguien que bajó del cielo para contribuir a la evolución de la humanidad. Alguien que puede causar contradicción al ser del Grupo LGBT, otro grupo discriminado por la sociedad. Sé cómo te sientes. Yo también he sufrido mucho, pero sobreviví. Además, aprendí a ser feliz a mi manera. Somos los únicos responsables de nuestro éxito y felicidad.

George

Genial. Realmente eres alguien excepcional. Me siento cómodo contigo. Tengo mucho que decirte.

Divino

Puedes hablar. Finge que estás hablando con un amigo. En esta vida de expiación y pruebas, estamos sujetos a altibajos. Necesitamos reunir nuestra fuerza interior y proceder con nuestro paseo.

George

Sabes qué, hijo de Dios, nunca me he sentido miserable. Sufrí en silencio durante años, pero siempre creí en mi potencial. Nunca aproveché esta fragilidad cultural para ponerme bien. Además, siempre he sido un estudiante ejemplar, un gran hijo y un ciudadano que cumple con mis deberes. Nunca he robado, y nunca he matado, a pesar de que a menudo se me ocurre eso de mí por mi raza. Es una persecución histórica. Estoy muy agradecido a figuras dignas como Nelson Mandela y Martin Luther King por haber hecho tanto progreso para nuestra causa. El mundo ha recorrido un largo camino. Pero creo que la discriminación es algo que siempre existirá. Es parte de la naturaleza humana de algunas personas mediocres.

Divino

Somos las voces del presente. Si queremos, podemos cambiar la historia. No nos callemos. Tenemos que proteger a las minorías. Lo veo como una lucha del bien y del mal. Somos parte del bien. Somos guerreros y no huimos de la lucha.

George

Estoy orgulloso de nosotros. Gracias por animarme. Sé que soy amado, y seguiré adelante.

Divino

Somos amados por Dios y por nuestra familia. Me alegro de que te hayas recuperado. Ahora sigue con Dios. Muy afortunado para ti.

George

Gracias. Toda la suerte del mundo para nosotros.

Prejuicio de la religión

Amigo

Me alegro de que estés aquí, Divino. He estado deseando hablar con usted.

Divino

Me di cuenta de eso en tu llamada. ¿Qué demonios ha pasado?

Amigo

Mi madre prohibió que un amigo mío viniera a mi casa porque es un espíritu.

Divino

¡Dios mío! ¡Qué tragedia! No fue razón para despedirla. Pero usan ese tipo de segregación. En verdad, la religión divide al mundo en lugar de unirse.

Amigo

Estoy de acuerdo. No estoy de acuerdo con mi madre. Además, creo que la gente debe ser juzgada por sus valores. ¿Qué te parece?

Divino

Mi Dios es un Dios universal. Está presente en todas las buenas doctrinas. La religión nunca salvará a nadie. Lo que salva a un hombre es sus buenas obras. Todos hemos sido iguales desde que nacimos. No importa qué opciones tomemos, no somos superiores a nadie. Hay muchas direcciones en la casa de mi padre. Todos están llamados a la salvación. Sin embargo, algunos rebeldes prefieren ir por el camino equivocado. Dios respeta esta decisión porque dio al hombre libre albedrío. Pero el lago de fuego y azufre está reservado para infieles. Soy un gran creyente en la ley del retorno. El universo nos devuelve lo que deseamos o hacemos el uno al otro. La vida es justa para todos porque todos reciben lo que se merecen. Haz el bien y cosechas bien. Practica el mal y sufre las consecuencias. Nunca subestimes a nadie porque el mundo gira. El de abajo puede elevarse en clase en cualquier momento. Así que, trata bien al jefe o empleado porque ambos merecen respeto.

Amigo

Eres un ser espectacular. Gracias por ser mi amigo. Somos cristianos y, más que eso, somos humanos. Este prejuicio religioso es bastante común en nuestra sociedad. Es una hipocresía general. Hay gente que dice: Voy a la iglesia, y soy salvo.

Divino

Te equivocas sobre quién piensa que la iglesia te salvará. Somos la iglesia. Somos templo del Espíritu Santo y para comunicarnos con el creador no necesitamos ir a ninguna iglesia. Esta necesidad de que la gente muestre su religiosidad no es garantía de salvación. Por el contrario, hay muchos seres perversos dentro de la iglesia. El pecado es reembolsado con caridad.

Amigo

Muchas de estas asociaciones religiosas terminan aprovechando para pedir dinero a los fieles. ¿Qué piensas de eso?

Divino

No estoy en contra de diezmo ni de cualquier otra contribución para mantener la iglesia en marcha. A lo que estoy en contra son estos falsos profetas que aprovechan la fe de los demás para hacer dinero. Muchos de ellos se enriquecen a expensas de los fieles tontos. Esto no es caridad. Eso es tan estúpido. ¿Tienes dinero y quieres ayudar? Ayuda a los vagabundos y los mendigos. Las personas en vulnerabilidad social son las que más necesitan nuestro apoyo. ¿Conoces algún buen proyecto social? Contribuir cuando puedas. Eso es lo que llamamos caridad. Haz el bien y obtendrás tu recompensa.

Amigo

¿Qué piensa de los prejuicios practicados por algunos cristianos contra las minorías?

Divino

¿A quién creen que están engañando a estos falsos cristianos? Dios es amor y tolerancia. Todo lo que fuera de esto no viene de Dios. Todos somos iguales ante Dios. Todos tenemos la misma oportunidad de vivir y crecer. Solo cree y lucha por tus sueños. No creo que estos falsos moralistas cristianos sean mejores que nadie. Nadie tiene el poder de juzgar a nadie. El único juez justo es llamado "Jesús cristo". Cuando Jesús vino a la tierra, no excluyó a nadie. Su sacrificio en la cruz y su dolor fue para toda la humanidad. En la cruz salvó al blanco, al negro, a la grasa, al delgado, al heterosexual, al homosexual, e incluso al transexual. Si Dios está por nosotros, ¿quién puede estar en nuestra contra? El hombre que actúa bien no debe temer los juicios terrenales. Sigue tus valores y sé feliz.

Prejuicios contra el noreste

En el trabajo

José
Buenos días. Estoy tratando de conseguir mi primer trabajo. ¿Podrías ayudarme?
Jefe
Tienes un acento peculiar. ¿De qué parte del país eres?
José
Vengo del Noreste. Después de una gran sequía, me mudé aquí. En el noreste, es muy difícil encontrar trabajo.
Jefe
Lo entiendo. ¿Cuál era tu educación?
José
Estoy en la secundaria.
Jefe
Prácticamente analfabetos y noreste. ¿Crees que puedes trabajar en una tienda de ropa?
José
Puedo trabajar en un papel más simple como conserje o vendedor. Soy muy amable.
Jefe
Querida, se necesita mucho más que simpatía vender. Se necesita clase social y no tienes. No sé qué viniste a hacer en el sudeste. Deberías haberte quedado en tu Noreste. Estamos hartos de tipos como tú por aquí.
José
No tienes que jurarme. Entiendo que no tengo lugar en

esta compañía. Muy bien, voy para allá. Gracias por su atención.

En la calle

José

Señora, es preciosa. ¿Podrías darme tu número de teléfono, para que podamos ir a la fiesta más tarde?

Linda

No doy mi contacto a extraños. Te conozco. Soy una chica con clase. ¿No te ves a ti mismo? ¿De verdad crees que terminaría con un monstruo como tú?

José

Tranquila, señora. No te entiendo. Soy guapo, trabajador, y tengo buen carácter. ¿Por qué no saldrías conmigo?

Linda

Pero no hay clase social. Eres un pobre noreste. El mundo está hecho de apariencias. Un hombre que quiere salir conmigo tiene que ser rico, blanco y nativo del sudeste. Puedes salir con una criada como mucho. Sé real contigo mismo. El mundo no está hecho de fantasía. El mundo es duro y tradicional. Somos lo que otros piensan que somos.

José

Qué decepción. Muy bien, linda dama. Tienes derecho a elegir. Pero acabas de perder a un gran compañero. Está bien salir con la criada. Lo importante es el respeto mutuo. Espero que encuentres a un buen tipo y seas feliz.

Linda

Gracias por eso. Ahora, déjame en paz.

En el club

José

Buenas noches, muchacho. Soy cantante. ¿Puedo cantar en este lugar?

Propietario

Quizás. ¿Qué clase de música cantas?

José

Canto Forró.

Propietario

Por casualidad, ¿estás al noreste?

José

Sí. Estoy muy orgulloso de mis antecedentes. El Nordeste tiene un pueblo bendito, lleno de cultura, tradiciones y alegría.

Propietario

¡Qué pena! No me gustan los del noreste. Seguramente, debes ser una cantante terrible. Aquí no hay lugar para los norestes. Puedes irte ahora.

José

Vale. Me voy. Esto es un prejuicio. Pero lo superaré.

En el dormitorio

José

¡Dios mío! ¿Cuánto dolor estoy pasando? Estoy sintiendo el prejuicio de estar en el noreste en la parte sudoriental del país. Tengo que reaccionar para defenderme. Además, tengo que mostrarme digno de éxito. Necesito creer en mí mismo.

Divino

Tranquilo, José. También soy del Noreste. Sé cómo te sientes. Levanta la cabeza y sigue adelante.

José

¿Quién eres y cómo debería actuar?

Divino

Yo soy lo Divino. Sé lo que es sufrir. Además, yo era indigente. Pero nunca me di por vencido. Siempre luché por mis sueños con cada estado de ánimo que tenía. Estudié duro, aprobé competiciones abiertas, y me convertí en un gran artista. Hoy, soy internacionalmente reconocido por mi trabajo. He sido rechazado más de 500 veces por otras personas. Llegué un momento en mi vida cuando dejé de insistir en ello. ¿Por qué tuve que humillarme por un poco de cariño y atención? Puse mi felicidad en manos de los demás, y no me trajo resultados. Cuando me convertí en el protagonista de mi historia, pude entender mi gran valor. En estos días, estoy feliz incluso solo, y no tengo miedo al futuro. Solo cree en ti mismo. No se rinda ante las dificultades. Busca tu sueño. Cree en tu potencial. El éxito te está esperando. No dejes que otros lleven tu vida. Toma tus propias decisiones y ser independiente. Ser feliz contigo mismo, estarás preparado para vivir tiempos felices. Vive y cumple tus deseos. Sé el guía de tu destino. Cree en el amor de Dios. Nunca te deja.

José

Gran sabio, gracias por tu ayuda. Ya me siento mejor. Prometo no rendirme. Además, les mostraré de qué es capaz el hombre del Noreste.

Divino

Vale. De eso estoy hablando. Estoy apoyando por ti. Todo el éxito del mundo para ti.

Prejuicios contra los analfabetos

En el comercio
mujer
¿Qué quiere, señor?
Hombre
Quiero comprar algunas cosas, pero no sé leer. ¿Podrías ayudarme?
Mujer
No tengo que ayudar. ¡Ten vergüenza! ¿Por qué no estudiaste? La escuela está abierta a todos. En el mundo en que vivimos hoy, no hay lugar para los analfabetos.
Hombre
Lo sé mucho. Pero no tuve oportunidad de estudiar porque soy indigente. Tuve que trabajar temprano, para poder mantenerme. Fue un viaje difícil y angustioso.
Mujer
Creo que puedes estudiar a cualquier edad. Estudiar es el pasaporte de nuestra libertad. Sin él, el ser humano no es digno.
Hombre
Lo entiendo. Prometo repensar mi decisión. Además, soy más maduro y más experimentado. Estoy seguro de que tienes toda la razón. Conseguiré una salida. Gracias por todo.
Mujer

No hay necesidad de agradecerme. Estoy contento con tu decisión. Buena suerte y éxito.

En la escuela

Profesor de escuela

Tenemos un nuevo estudiante en el aula. ¿Qué te trajo a la escuela?

Hombre

El consejo de un amigo. Entiendo que el estudio debe ser nuestro objetivo principal en nuestras vidas. Tenemos que priorizar nuestra educación. Nos lleva a grandes conquistas. Con la educación, podemos evolucionar como ser humano y como ciudadano. La educación es la clave del éxito.

Profesor de escuela

Me alegro de que lo hayas descubierto. Imagino que no puede ser fácil tomar esta decisión. Además, te conozco, tío. Vienes de la clase baja. Admiro tu voluntad de crecer. Es un ejemplo entre muchos. Hoy, lo que vemos es lo contrario de eso. Vemos el materialismo, los jóvenes involucrados en drogas y robos. Vemos con él muchas vidas perdidas y desperdiciadas. Sin embargo, siempre hay tiempo para tomar un nuevo curso. Siempre es tiempo de renacer y buscar sabiduría.

Hombre

¡Es verdad! Mi trayectoria estaba bastante sufrida. Cuando era adolescente, tuve que elegir trabajar para sobrevivir. Esa es la realidad de muchos. Vivimos en un país lleno de desigualdades sociales e injusticias. Aunque estudiemos, no tenemos espacio en el mercado laboral. Tenemos personas con doctorados y desempleados. El estudio por sí solo no es suficiente. Necesitamos políticas de inclusión pública. Necesitamos crecimiento estructural del mercado laboral. Además, debemos atraer inversiones en todos los sectores de la economía. Es necesario reestructurar todos los sectores para que podamos esperar días mejores.

Profesor de escuela

Sí. Necesitamos todo esto. Pero mientras no lo hacemos, necesitamos perseguir nuestros sueños. Necesitamos creer en nuestras potencialidades. ¡Buena suerte! Gracias.

En el bar

Hombre

Amigo, fui destronado por ser analfabeto. Estaba tan triste.

Divino

Este prejuicio es muy común. Con la revolución tecnológica, el mundo nos exige cada vez más. Pero no es razón para prejuicios. Tenemos que respetar a la gente por lo que son.

Hombre

¿Quién demonios eres?

Divino

Soy el hijo de Dios. Alguien que te quiere hasta el hueso. Sé que sufres. Pero quería decirte que no te desanimes. Piensa en la gente que se preocupa por ti. Acércate a ellos. Estad bien con aquellos que os desean bien y perdonad a vuestros enemigos. Enfrenta los obstáculos de frente. Si fallas, no te rindas. Haga un nuevo plan y continúe. Un día, la victoria vendrá. Todo tiene su momento. Todas las cosas están de acuerdo a la voluntad divina. Tenemos que entenderlo.

Hombre

Muy bien. Me has encantado. ¿Cuál es tu historia?

Divino

Mi origen es humilde. Soy hijo de granjeros, pero me criaron con gran celo. Agradezco todo lo que tengo a mis padres. Además, crecí creyendo en buenos valores. Siempre he creído en mis sueños, he sido honesto y trabajador. Soy un ser sin prejuicios, y podría perdonar a mis enemigos. Hoy, mi espíritu está en paz.

Hombre

Desearía poder ser como tú, pero de vez en cuando, soy vengativo. ¿Por qué debería disculparme si el otro cometió un error? ¿Qué tontería es esta? Siempre me he amado a mí mismo más que a nada. Nunca me he humillado por nadie. Una cosa es ser buena, es otra bastante tonta. Nunca fui un tonto. Pero siempre he sido una persona honesta, discreta y buena.

Divino

Tienes razón sobre algunas cosas. Pero no puedo cambiar mi carácter. Soy un poco soñador. Uso el arte como una forma de expresión y encantan a mis seguidores. Esto es terapia y liberación para mí. Me siento complacido.

Hombre

Me alegro de que hayas encontrado tu camino. Además, admiro gente talentosa como tú, y apoyo. Estar muy, muy contento.

Divino

Muchas gracias, y buena suerte, también.

1- *Prejuicio contra los minusválidos*

Reunión de amigos

discapacitado

Soy discapacitado, y eso es un gran desafío. Tengo problemas físicos, psicológicos y sociales. Además, vivo en una época de turbulencia. Ser discapacitado es doloroso. No tenemos respeto por la gente, la familia, ni por nadie más. Lo que me conmueve es la voluntad de crecer y ganar. Lo que me conmueve es una fuerza que llamamos Dios. En mi experiencia, puedo decir, que puedes ganar. No importa qué obstáculos enfrentes, puedes superarlos a todos. No importa su género, raza, orientación sexual o cualquier especificidad. Lo que importa es que usted es libre de elegir su camino. Entonces, hermanos, os digo, creáis en vuestro potencial.

Divino

Entiendo tu situación. Todos tenemos grandes retos. Soy hijo de un granjero, marrón y noreste. Sé lo que es sufrir. Además, les contaré un poco de mi carrera: Mi sueño en la literatura comenzó a muy joven, en mi adolescencia. La fundación Possidônio Tenório de Brito abrió una buena biblioteca en mi comunidad y dividió mi tiempo en la escuela, trabajo en los campos y lectura pasó mis días. He perdido la cuenta de cuántas colecciones de libros he devorado en este momento. Ser lector era muy barato, pero quería más. Crecí en este mundo de sueños saludables. Ya en la edad adulta en 2006, cuando un problema de salud relativamente grave me debilitó hasta el punto en que me sentía incapaz, la literatura era una válvula de escape para que gradualmente pudiera liberarme de mis demonios internos. En este momento, escribí un pequeño libro sobre algunas hojas de reclutamiento. En este momento, era impensable para mí tener un ordenador debido a mis condiciones desfavorables. Ese no fue mi momento. Guardé mis borradores para una cita posterior. En 2007, empecé a escribir mi libro en mis pausas de trabajo guardándolo en un disco disquete. Tuve tanta mala suerte que el disco se quemó. Empecé mi título de licenciatura en matemáticas y una vez más dejé mi sueño a un lado. Además, terminé la educación superior en 2010 y compré mi primer cuaderno al año siguiente. Para entonces, ya había escrito mi primera novela y priorizado su mecanografía. Lo lancé este mismo año. Había cumplido mi sueño de ser un autor publicado, aunque mi situación financiera era todavía catastrófica. Además, he terminado con mi sueño de nuevo. Cuando no esperaba más, pasé un concurso público y reanudé la literatura a finales de 2013. Escribí muchos otros libros y lancé otros. Solo para sentir el placer de los lectores de mi país y otros países leyendo mis escritos ya ha valido la pena todo mi esfuerzo. Mi objetivo en la literatura va más allá del dinero, como ingresos tengo mi trabajo. Está compartiendo conceptos, transformando y creando nuevos mundos. Está tocando a la gente y haciéndolas más humanas en una cultura de paz. Además, es creer que, incluso enfrentando el trabajo normal, los problemas que todos tienen, puedo soñar o mejores días. La literatura me ha transformado completamente a mí y a todos a mi alrededor. Le debo todo a mi gran Dios que siempre me apoya. Continuaré mi camino con fe en el corazón e inmortalizar este don de Dios para siempre. Por lo tanto, mis queridos colegas, nunca renuncien a sus sueños. ¡Tú también puedes hacerlo!

Guardián

Soy parte de esta maravillosa trayectoria. Conocí al vidente en el camino hacia la montaña, y vi su potencial. Automáticamente, creamos un bucle duradero e infinito. Soy tu maestro y aprendiz. Creo que deberíamos respetar a todos por igual. Todos tienen el potencial de ganar. Necesitamos entendernos las dificultades de los demás y motivarlas para perseguir sus sueños. Tenemos que marcar la diferencia. Por eso somos el equipo más respetado del mundo. Nos exigen los mayores retos y superados.

Renato

Aprendo mucho de todos ustedes. Eres parte de mi familia. Cada aventura vivida es una experiencia de aprendizaje para mí. Tenemos que respetar a los minusválidos. Son altamente capaces de lograr y ganar. Necesitamos apoyar a toda la gente para que crezcan y sean felices. Solo entonces construiremos algo de felicidad.

Fin

www.ingramcontent.com/pod-product-compliance
Lightning Source LLC
LaVergne TN
LVHW021051100526
838202LV00082B/5433